Printed in Poland
by Amazon Fulfillment
Poland Sp. z o.o., Wrocław

62298152R00057

Wie gut kennst du die Geschichte?

0 - 60 Punkte:

Geschichts-Einsteiger

Du hast ein paar Grundlagen drauf – und vor allem Neugier. Perfekte Basis, um weiterzulernen.

61 - 110 Punkte:

Geschichts-Kenner

Solide Leistung! Viele wichtige Epochen scheinen dir vertraut zu sein.

111 - 140 Punkte:

Geschichtsprofi

Sehr stark! Du hast ein ausgeprägtes Wissen über unterschiedliche Zeitalter.

141 - 165 Punkte:

Historisches Genie

Unfassbar! Das ist Top-Level. Du denkst wie ein echter Historiker.

Dein Ergebnis

Trage hier ein, wie viele Fragen du in jedem Kapitel richtig beantwortet hast:

- **Kapitel 1:** _____ / 15
- **Kapitel 2:** _____ / 15
- **Kapitel 3:** _____ / 15
- **Kapitel 4:** _____ / 15
- **Kapitel 5:** _____ / 15
- **Kapitel 6:** _____ / 15
- **Kapitel 7:** _____ / 15
- **Kapitel 8:** _____ / 15
- **Kapitel 9:** _____ / 15
- **Kapitel 10:** _____ / 15
- **Kapitel 11:** _____ / 15
- **Gesamtpunktzahl:** _____ / **165**

Schlusswort

Herzlichen Glückwunsch – du hast dich einmal quer durch die Geschichte gerätselt!

Von den Pharaonen über die Römer, Wikinger und Weltreiche bis in die moderne Zeit: Du hast Ereignisse, Personen und Erfindungen wiederentdeckt, die unsere Welt geprägt haben. Vielleicht hast du Neues gelernt, vielleicht längst Vergessenes aufgefrischt – und hoffentlich zwischendurch ein paar „Aha!“-Momente erlebt.

Geschichte ist nicht nur ein Schulfach, sondern eine Sammlung von faszinierenden Geschichten, mutigen Menschen, großen Ideen und manchmal auch verrückten Zufällen. Wenn dir dieses Quiz Spaß gemacht hat, dann hast du genau das erlebt: Wie lebendig Vergangenheit sein kann, wenn man sie spielerisch erkundet.

Danke, dass du dieses Buch in die Hand genommen hast und bis hierhin mit dabei warst.

Und wer weiß – vielleicht wartet dein nächstes Geschichtsquiz ja schon auf dich. Bis dahin: Bleib neugierig, stell Fragen und entdecke die Welt immer wieder neu.

Wusstest du das schon?

- Der „Tag der Deutschen Einheit“ war ursprünglich der **17. Juni**, bevor er nach 1990 auf den 3. Oktober gelegt wurde.

- Karl der Große sprach angeblich **mehrere Sprachen**, konnte aber kaum schreiben – er diktierte fast alles.

- Der Dreißigjährige Krieg reduzierte in manchen Regionen Deutschlands die Bevölkerung um **bis zu 70 %**.

- Die Berliner Mauer war insgesamt **155 Kilometer** lang – nur ein kleiner Teil davon verlief tatsächlich durch das Stadtzentrum.

- Der erste deutsche Bundestag traf sich 1949 in **Bonn**, das bis 1990 provisorische Hauptstadt blieb.

Lösungen – Fragen für Geschichtsprofis

1. a) **Schlacht am Lechfeld** – 955 besiegte Otto I. die Ungarn entscheidend.

2. b) **Goldene Bulle** – Das Grundgesetz des Reiches legte die Kurfürsten und Wahlordnung fest.

3. **Wahr** – Der Zollverein schuf gemeinsamen Handel und war ein Vorläufer der politischen Einigung.

4. c) **Münster und Osnabrück** – Der Westfälische Frieden wurde in beiden Städten verhandelt.

5. **Gründerzeit** – Die wirtschaftlich-dynamische Phase nach der Reichsgründung von 1871.

3. Wahr oder falsch:

Der Deutsche Zollverein von 1834 war ein wichtiger Schritt hin zur ökonomischen Einheit Deutschlands vor 1871.

4. Welche deutsche Stadt wurde 1648 zum Schauplatz des Friedensschlusses, der den Dreißigjährigen Krieg beendete?

a) Nürnberg
b) Augsburg
c) Münster und Osnabrück
d) Regensburg

5. Wie heißt die Phase intensiver Reformen, Industrialisierung und gesellschaftlicher Umbrüche im Deutschen Kaiserreich zwischen 1871 und 1914?

5 Fragen für Geschichtsprofis

1. Welche frühmittelalterliche Schlacht von 955 gilt als entscheidender Sieg Heinrichs IIs. Nachfolgers gegen die Ungarn?

   a) Schlacht am Lechfeld

   b) Schlacht bei Tours

   c) Schlacht von Birten

   d) Schlacht auf dem Riade

2. Welche Reichsreform von 1356 regelte die Königswahl im Heiligen Römischen Reich und bestimmte die sieben Kurfürsten?

   a) Reichsabschied

   b) Goldene Bulle

   c) Pragmatische Sanktion

   d) Reichsregiment

Lösungen

1. **d) Germanen** – Vom lateinischen „Germania“ leitet sich der heutige Name „Deutschland“ ab.

2. **b) Karl der Große** – Er wurde im Jahr 800 in Rom zum Kaiser gekrönt.

3. **Wahr** – Der Dreißigjährige Krieg dauerte von 1618 bis 1648 genau 30 Jahre.

4. **b) Brandenburger Tor** – Es wurde zum Symbol sowohl der Teilung als auch der Wiedervereinigung.

5. **c) Otto von Bismarck** – Als „Eiserner Kanzler“ trieb er die deutsche Einigung maßgeblich voran.

6. **c) 1871** – Das Deutsche Reich wurde nach dem Sieg im Deutsch-Französischen Krieg gegründet.

7. **Wahr** – Die Berliner Mauer wurde am 13. August 1961 errichtet.

8. **a) Kant** – Immanuel Kant veröffentlichte 1781 die „Kritik der reinen Vernunft“.

9. **d) Berlin** – Berlin wurde nach dem Zweiten Weltkrieg in vier Sektoren aufgeteilt.

10. **Friedliche Revolution** – So nennt man die politischen Umbrüche in der DDR, die 1989 zum Mauerfall führten.

8. Welcher deutsche Philosoph schrieb das Werk „Kritik der reinen Vernunft“?

a) Kant

b) Nietzsche

c) Hegel

d) Schopenhauer

9. Welche Stadt wurde nach dem Zweiten Weltkrieg in vier Besatzungszonen aufgeteilt?

a) Frankfurt

b) Dresden

c) München

d) Berlin

10. Wie nennt man den politischen Umbruch 1989, der zum Fall der Mauer und zur Wiedervereinigung führte?

5. Welcher preußische Staatsmann formte im 19. Jahrhundert entscheidend die Deutsche Einheit?

a) Friedrich II.

b) Goethe

c) Otto von Bismarck

d) Paul von Hindenburg

6. In welchem Jahr wurde das Deutsche Reich unter preußischer Führung gegründet?

a) 1806

b) 1830

c) 1871

d) 1914

7. Wahr oder falsch:

Die Berliner Mauer wurde 1961 gebaut.

1. Welcher Stamm gilt als Namensgeber für „Deutschland"?

a) Franken

b) Goten

c) Alemannen

d) Germanen

2. Welcher König wurde 800 n. Chr. zum Kaiser des Heiligen Römischen Reiches gekrönt?

a) Otto I.

b) Karl der Große

c) Heinrich IV.

d) Barbarossa

3. Wahr oder falsch:

Der Dreißigjährige Krieg dauerte tatsächlich 30 Jahre.

4. Welches Bauwerk gilt als Symbol der deutschen Teilung und Wiedervereinigung?

a) Kölner Dom

b) Brandenburger Tor

c) Hamburger Rathaus

d) Dresdner Zwinger

Kapitel 11:

DEUTSCHE GESCHICHTE

Wusstest du das schon?

- Die Leistung eines heutigen Smartphones übersteigt die Rechenpower, die die NASA bei der ersten Mondlandung zur Verfügung hatte – um ein Vielfaches.
- Der erste kommerzielle E-Mail-Versand fand 1971 statt – die Nachricht wurde an **denselben Computer** geschickt, nur an ein anderes Postfach.
- Die Berlin-Mauer fiel so überraschend, dass viele Grenzposten in der ersten Nacht gar keine offiziellen Anweisungen hatten und spontan entschieden, die Tore zu öffnen.
- Der Begriff „Internet-Surfen“ tauchte erst Anfang der 1990er-Jahre auf und wurde von einer Bibliothekarin geprägt.
- Die allererste Webseite der Welt ist noch heute online – sie erklärt, wie das World Wide Web funktioniert.

Lösungen – Fragen für Geschichtsprofis

1. **b) Gorbatschow** – Seine Reformpolitik leitete den Übergang zum Ende des Kalten Krieges ein.

2. **b) Bretton-Woods-Konferenz** – Sie definierte das moderne Finanzsystem nach dem Zweiten Weltkrieg.

3. **Wahr** – Die EU ist eine Weiterentwicklung der EWG, die 1993 offiziell zur EU wurde.

4. **b) Operation Anadyr** – Tarnname der sowjetischen Raketenstationierung auf Kuba.

5. **ASEAN** – Der Verband Südostasiatischer Nationen, gegründet 1967.

3. Wahr oder falsch:

Die EU ging direkt aus der Europäischen Wirtschaftsgemeinschaft (EWG) hervor.

4. Wie heißt die Operation, bei der 1962 geheime sowjetische Raketen auf Kuba stationiert wurden und die größte Krise des Kalten Krieges auslöste?

a) Operation Zero

b) Operation Anadyr

c) Operation Red October

d) Operation Northwind

5. Welcher große weltweite Zusammenschluss von Staaten wurde 1967 gegründet und umfasst Länder in Südostasien?

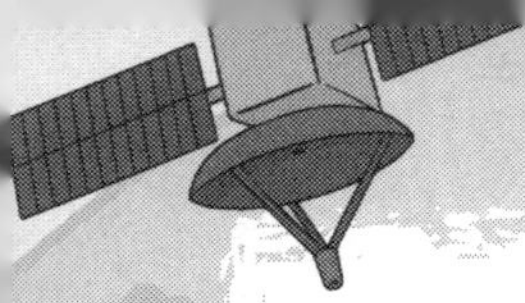

5 Fragen für Geschichtsprofis

1. Welcher sowjetische Staatschef leitete die Politik von Perestroika und Glasnost ein, die schließlich zum Ende des Kalten Krieges beitrugen?

   a) Breschnew

   b) Gorbatschow

   c) Chruschtschow

   d) Andropow

2. Welche internationale Konferenz von 1944 schuf das moderne globale Finanzsystem und Institutionen wie IWF und Weltbank?

   a) Genfer Konferenz

   b) Bretton-Woods-Konferenz

   c) Potsdamer Abkommen

   d) Havanna-Charta

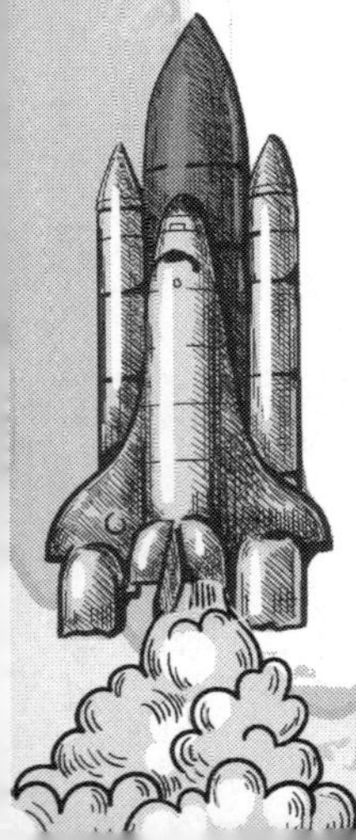

Lösungen

1. **b) 1969** – Die Apollo-11-Mission landete am 20. Juli 1969 auf dem Mond.
2. **b) Mikrochip** – Der Mikrochip revolutionierte Computertechnik und machte moderne Elektronik möglich.
3. **Wahr** – Mit dem Zerfall der Sowjetunion 1991 endete der Kalte Krieg offiziell.
4. **c) George H. W. Bush** – Er war US-Präsident bis Januar 1993, als der Kalte Krieg bereits beendet war.
5. b**) 1990er** – In den 1990ern wurde das Internet massentauglich und öffentlich zugänglich.
6. **c) Anschläge vom 11. September** – Die Terroranschläge veränderten die internationale Politik nachhaltig.
7. **Wahr** – Der Euro wurde 1999 als Buchgeld eingeführt und 2002 als Bargeld.
8. **b) Mikrochips** – Smartphones basieren auf leistungsstarken Mikroprozessoren.
9. **c) COVID-19** – Die Pandemie begann Ende 2019 und prägte die folgenden Jahre weltweit.
10. **Europäische Union (EU)** – Seit 1993 unter diesem Namen als politische und wirtschaftliche Gemeinschaft organisiert.

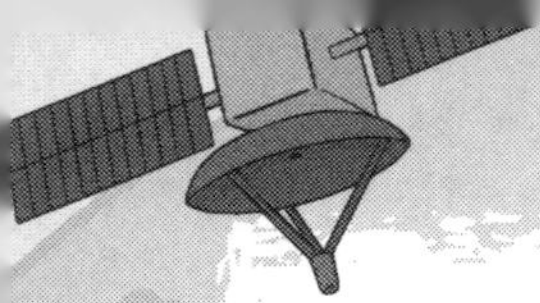

8. Welche Technologie steht im Zentrum moderner Smartphones?
   a) Dampfkraft
   b) Mikrochips
   c) Lochkarten
   d) Quecksilberschalter

9. Welche globale Pandemie begann im Jahr 2019?
   a) SARS
   b) Schweinegrippe
   c) COVID-19
   d) Zika

10. Wie nennt man die politische und wirtschaftliche Zusammenarbeit vieler europäischer Staaten, die ab 1993 unter einem gemeinsamen Namen organisiert ist?

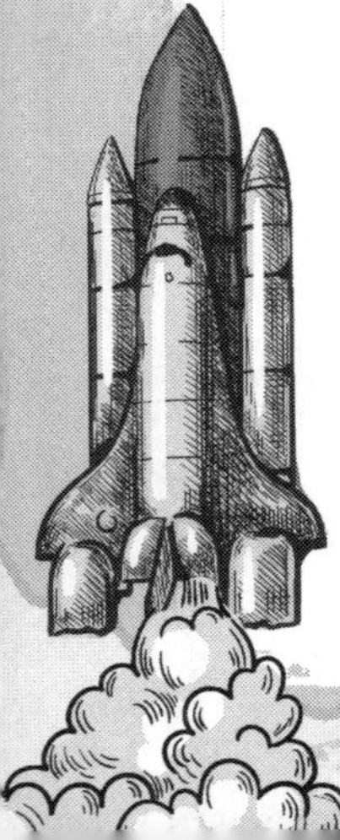

5. In welchem Jahrzehnt wurde das Internet für die breite Öffentlichkeit zugänglich?

a) 1960er

b) 1970er

c) 1980er

d) 1990er

6. Welches Ereignis veränderte 2001 die internationale Politik massiv?

a) Fall der Berliner Mauer

b) Euro-Einführung

c) Anschläge vom 11. September

d) Wahl von Barack Obama

7. Wahr oder falsch:

Der Euro wurde zuerst als Buchgeld und erst später als Bargeld eingeführt.

1. In welchem Jahr gelang die erste bemannte Mondlandung?

a) 1965

b) 1969

c) 1972

d) 1975

2. Welche Erfindung revolutionierte ab den 1970er- und 1980er-Jahren die Computerwelt?

a) Röhrenradio

b) Mikrochip

c) Schwarzweißfernseher

d) Laserdisc

3. Wahr oder falsch:

Der Kalte Krieg endete offiziell mit dem Zerfall der Sowjetunion 1991.

4. Wer war der erste Präsident der Vereinigten Staaten, nachdem der Kalte Krieg zu Ende ging?

a) Ronald Reagan

b) Bill Clinton

c) George H. W. Bush

d) Barack Obama

Kapitel 10:

MODERNE GESCHICHTE (1950 BIS HEUTE)

Wusstest du das schon?

- Der Erste Weltkrieg wurde anfangs als **„Der Krieg, der alle Kriege beenden sollte“** bezeichnet – ein tragisch falscher Optimismus.

- Viele Soldaten im Ersten Weltkrieg litten unter „Schützengrabenfuß“, verursacht durch ständige Nässe und Kälte.

- 1940 war Großbritannien zeitweise das **einzige Land in Europa**, das aktiv gegen die Achsenmächte kämpfte.

- Der Marshallplan half nicht nur Europa – auch die USA profitierten wirtschaftlich enorm durch neue Handelsbeziehungen.

- Hiroshima war nicht das primäre Ziel der Bombe – schlechtes Wetter über der ursprünglichen Zielstadt führte zur Umleitung.

Lösungen – Fragen für Geschichtsprofis

1. **d) Vertrag von Versailles** – Er schuf 1920 offiziell den Völkerbund.

2. **b) Heinz Guderian** – Er war ein zentraler Theoretiker und Praktiker der schnellen Panzerkriegsführung.

3. **Wahr** – Stalingrad war ein entscheidender Wendepunkt des Krieges.

4. **d) Serbien** – Serbien erlitt prozentual die höchsten Verluste im Ersten Weltkrieg.

5. **Manhattan-Projekt** – Das streng geheime Programm führte zur ersten Atomwaffe der Welt.

3. Wahr oder falsch:

Die Schlacht von Stalingrad gilt als der entscheidende Wendepunkt an der Ostfront im Zweiten Weltkrieg.

4. Welches Land erlitt im Ersten Weltkrieg gemessen an der Gesamtbevölkerung die höchsten Verluste?

a) Frankreich

b) Deutschland

c) Russland

d) Serbien

5. Wie nennt man das geheime US-amerikanische Forschungsprojekt, das zur Entwicklung der ersten Atombombe führte?

5 Fragen für Geschichtsprofis

1. Welcher Vertrag von 1920 schuf den Völkerbund, den Vorläufer der Vereinten Nationen?
   a) Vertrag von Brest-Litowsk
   b) Vertrag von Saint-Germain
   c) Vertrag von Sèvres
   d) Vertrag von Versailles

2. Welcher deutsche Militärstratege entwickelte im Zweiten Weltkrieg das Konzept des „Blitzkriegs" maßgeblich weiter?
   a) Erwin Rommel
   b) Heinz Guderian
   c) Karl Dönitz
   d) Wilhelm Keitel

Lösungen

1. **b) 1914** – In diesem Jahr begann der Erste Weltkrieg.

2. **b) Ermordung von Franz Ferdinand** – Das Attentat von Sarajevo löste eine Kettenreaktion aus.

3. **Wahr** – Der Versailler Vertrag wurde 1919 unterzeichnet und beendete offiziell den Ersten Weltkrieg.

4. **d) Großbritannien** – Großbritannien gehörte zu den Alliierten; Deutschland, Italien und Japan waren Teil der Achsenmächte.

5. **b) Grabenkrieg** – An der Westfront entstand ein kilometerlanges Netz an Schützengräben.

6. **b) USA** – Der Angriff auf Pearl Harbor führte zum Kriegseintritt der Vereinigten Staaten.

7. **Wahr** – Der Zweite Weltkrieg endete in Europa im Mai 1945.

8. **a) Hiroshima** – Hier wurde im August 1945 die erste militärische Atombombe eingesetzt.

9. **c) UNO** – Die Vereinten Nationen wurden 1945 gegründet, um den Weltfrieden zu sichern.

10. **Marshallplan** – Das Wirtschaftshilfeprogramm unterstützte den Wiederaufbau Europas.

8. Welche Stadt wurde 1945 durch die erste militärische Atombombe zerstört?

a) Hiroshima

b) Nagasaki

c) Tokio

d) Osaka

9. Wie nennt man den internationalen Zusammenschluss, der nach dem Zweiten Weltkrieg gegründet wurde, um Frieden zu sichern?

a) NATO

b) Völkerbund

c) UNO

d) Europäische Gemeinschaft

10. Wie nennt man das umfangreiche Wiederaufbauprogramm der USA für Europa nach dem Zweiten Weltkrieg?

5. Wie nennt man die stark befestigte Stellungslinie an der Westfront im Ersten Weltkrieg?

a) Maginot-Linie
b) Grabenkrieg
c) Atlantikwall
d) Eiserner Vorhang

6. Welches Land wurde 1941 durch den Angriff auf Pearl Harbor direkt in den Zweiten Weltkrieg hineingezogen?

a) Kanada
b) USA
c) Australien
d) Mexiko

7. Wahr oder falsch:

Der Zweite Weltkrieg endete in Europa 1945.

1. In welchem Jahr begann der Erste Weltkrieg?

a) 1905

b) 1914

c) 1918

d) 1923

2. Welcher Vorfall gilt als Auslöser des Ersten Weltkriegs?

a) Angriff auf Pearl Harbor

b) Ermordung von Franz Ferdinand

c) Sturm auf die Bastille

d) Versenkung der Titanic

3. Wahr oder falsch:

Der Versailler Vertrag wurde 1919 unterzeichnet.

4. Welche der folgenden Länder waren Teil der sogenannten „Alliierten" im Zweiten Weltkrieg?

a) Deutschland

b) Italien

c) Japan

d) Großbritannien

Kapitel 9:

DIE WELTKRIEGE

Wusstest du das schon?

- Die ersten Dampflokomotiven erreichten gerade einmal **20–30 km/h**, galten aber als revolutionär schnell.
- In vielen Fabriken war es so laut, dass Arbeiter nach nur wenigen Jahren **dauerhafte Hörschäden** hatten.
- Der Begriff „Schichtarbeit“ entstand in der Industrialisierung – Fabriken liefen oft **24 Stunden am Tag**.
- Manche Fabrikstädte wuchsen so explosiv, dass sich die Bevölkerung innerhalb von nur **20 Jahren verdoppelte**.
- Einige frühe Dampfmaschinen verbrauchten so viel Kohle, dass der Betrieb **teurer war als der Gewinn**, bis effizientere Modelle entwickelt wurden.

Lösungen – Fragen für Geschichtsprofis

1. **a) Atmosphärische Maschine** – Newcomens Maschine war der Vorläufer von Watts effizienterer Dampfmaschine.

2. **a) Werner von Siemens** – Er entwickelte die erste praktisch nutzbare Dynamomaschine.

3. **Wahr** – Belgien war nach Großbritannien das erste stark industrialisierte Land Europas.

4. **a) Flying Shuttle** – Der „Schiffchen-Webstuhl" ermöglichte schnelleres Weben und veränderte die Textilproduktion.

5. **Arbeiterbewegung / Frühsozialismus** – Bewegungen, die für Rechte, Löhne und soziale Absicherung kämpften.

3. Wahr oder falsch:

Die Industrialisierung breitete sich in Europa zuerst in Belgien außerhalb Großbritanniens aus.

4. Welche Maschine ermöglichte erstmals die Massenproduktion von Stoffbahnen und löste die „Weberaufstände“ aus?

a) Flying Shuttle
b) Spinning Jenny
c) Jacquard-Webstuhl
d) Water Frame

5. Wie nennt man die Theorie und Bewegung, die im 19. Jahrhundert bessere Arbeitsbedingungen, Sozialgesetze und Arbeiterrechte forderte?

5 Fragen für Geschichtsprofis

1. Welche frühe Maschine gilt als direkter Vorläufer der modernen Dampfmaschine und wurde von Thomas Newcomen entwickelt?
   a) Atmosphärische Maschine
   b) Schwungradpumpe
   c) Druckkolbenwerk
   d) Mechanische Hubpumpe

2. Welcher deutsche Ingenieur revolutionierte die Elektrotechnik mit dem Bau der ersten funktionsfähigen Dynamomaschine?
   a) Werner von Siemens
   b) Rudolf Diesel
   c) Carl Benz
   d) Emil Rathenau

Lösungen

1. **b) Dampfmaschine** – Sie war der wichtigste Antrieb für Fabriken, Bergbau und Transport.

2. **d) Großbritannien** – Dort begann die Industrialisierung im 18. Jahrhundert.

3. **Wahr** – Die erste industrielle Revolution startete Mitte des 18. Jahrhunderts.

4. **a) Spinnmaschine** – Sie mechanisierte die Textilproduktion und ermöglichte große Fabriken.

5. **b) Samuel Morse** – Er entwickelte sowohl den Telegraphen als auch den Morsecode.

6. **b) Eisenbahn** – Dampflokomotiven revolutionierten Transport und Handel.

7. **Wahr** – Kinderarbeit war in frühen Fabriken leider weit verbreitet.

8. **b) Edison** – Thomas Edison brachte eine zuverlässige, praxistaugliche Glühbirne heraus.

9. **a) Urbanisierung** – Das schnelle Wachstum der Städte nennt man Urbanisierung.

10. **Arbeitsteilung** – Jeder Arbeiter führte einen kleinen, spezialisierten Schritt aus.

8. Welcher Erfinder brachte 1879 die praxistaugliche Glühbirne auf den Markt?

a) Newton
b) Edison
c) Faraday
d) Watt

9. Wie nennt man das schnelle Wachstum der Städte während der Industrialisierung?

a) Urbanisierung
b) Kolonisierung
c) Missionierung
d) Zentralisierung

10. Wie nennt man die Produktionsform, bei der Arbeiter nur einen kleinen, spezialisierten Schritt eines größeren Prozesses erledigen?

5. Welcher Erfinder entwickelte den Telegraphen und den Morsecode?

a) Nikola Tesla

b) Samuel Morse

c) Thomas Edison

d) Alexander Bell

6. Welches Verkehrsmittel wurde durch die Erfindung der Dampfmaschine revolutioniert?

a) Pferdekutsche

b) Eisenbahn

c) Fahrrad

d) Segelschiff

7. Wahr oder falsch:

Kinderarbeit war in den frühen Fabriken weit verbreitet.

1. Welche Erfindung gilt als zentraler Motor der Industrialisierung?

a) Elektrische Glühbirne

b) Dampfmaschine

c) Telegraph

d) Benzinmotor

2. Welches Land war das erste, das in die Industrialisierung eintrat?

a) USA

b) Frankreich

c) Deutschland

d) Großbritannien

3. Wahr oder falsch:

Die erste industrielle Revolution begann im 18. Jahrhundert.

4. Welche Maschine mechanisierte die Textilproduktion und führte zu riesigen Fabriken?

a) Spinnmaschine

b) Druckerpresse

c) Setzmaschine

d) Plotter

Kapitel 8:

DIE INDUSTRIALISIERUNG & TECHNIK – DIE 10 FRAGEN

Wusstest du das schon?

- Während der Französischen Revolution wurde das traditionelle „Sie“ abgeschafft – man sollte sich grundsätzlich mit **„Du“** ansprechen, um Gleichheit zu betonen.

- Napoleon war nur etwa **1,68 Meter groß**, also für seine Zeit völlig normal – der Mythos vom „kleinen Napoleon“ entstand erst durch britische Karikaturen.

- Die Revolutionen von 1848 erfassten fast **ganz Europa** gleichzeitig – von Frankreich über Deutschland bis nach Ungarn und Italien.

- Die erste funktionierende Dampfmaschine war so groß und schwer, dass sie nur stationär betrieben werden konnte; erst später wurde sie mobil.

- Viele Ideen der Aufklärung, etwa Pressefreiheit oder Volkssouveränität, verbreiteten sich über **geheime Lesegesellschaften**, die oft verboten waren.

Lösungen

1. **b) Französische Revolution** – Sie begann 1789 und veränderte Europas politische Landschaft grundlegend.
2. c) **Robespierre** – Eine Schlüsselfigur der Revolution und führend im Wohlfahrtsausschuss.
3. **Wahr** – Die Unabhängigkeitserklärung der USA wurde am 4. Juli 1776 verabschiedet.
4. **a) Bill of Rights** – Sie stärkte das Parlament und begrenzte die Macht der englischen Monarchie.
5. **b) Einführung der Dampfmaschine** – Die Dampfmaschine löste massive Veränderungen in Produktion und Transport aus.
6. **b) Napoleon Bonaparte** – Napoleon krönte sich 1804 selbst zum Kaiser der Franzosen.
7. **Wahr** – Ludwig XVI. wurde 1793 während der Revolution hingerichtet.
8. **b) USA** – Die Vereinigten Staaten erklärten 1776 ihre Unabhängigkeit vom britischen Königreich.
9. **b) Cotton Gin** – Diese Maschine revolutionierte die Baumwollverarbeitung.
10. **Revolutionen von 1848** – Eine Reihe politischer Aufstände und Umbrüche in vielen europäischen Staaten.

8. Welches Land erklärte als erstes seine Unabhängigkeit von einem europäischen Kolonialreich?

a) Mexiko

b) USA

c) Brasilien

d) Argentinien

9. Welche berühmte Maschine trennte Baumwollfasern schneller von den Samen und beschleunigte damit die industrielle Produktion?

a) Spinnrad

b) Cotton Gin

c) Webstuhl

d) Setzmaschine

10. Wie nennt man die politischen Umwälzungen rund um 1848, die in vielen europäischen Staaten zu Aufständen führten?

5. Welches Ereignis gilt als Start der Industriellen Revolution?

a) Erfindung des Buchdrucks

b) Einführung der Dampfmaschine

c) Bau des Schiefen Turms

d) Entdeckung Amerikas

6. Wer krönte sich 1804 selbst zum Kaiser der Franzosen?

a) Richelieu

b) Napoleon Bonaparte

c) Friedrich der Große

d) Metternich

7. Wahr oder falsch:

Während der Französischen Revolution wurde König Ludwig XVI. hingerichtet.

1. Welche Revolution von 1789 gilt als Beginn eines tiefgreifenden politischen Umbruchs in Europa?

a) Industrielle Revolution

b) Französische Revolution

c) Glorious Revolution

d) Russische Revolution

2. Wer war eine der wichtigsten Persönlichkeiten während der Französischen Revolution?

a) Napoleon Bonaparte

b) Ludwig XIV.

c) Robespierre

d) Bismarck

3. Wahr oder falsch:

Die Amerikanische Unabhängigkeitserklärung wurde 1776 verabschiedet.

4. Welches Dokument begrenzte 1689 in England die Macht der Monarchie?

a) Bill of Rights

b) Magna Carta

c) Konföderationsakte

d) Edikt von Nantes

Kapitel 7:

DIE ZEIT DER REVOLUTIONEN (1600–1850)

Wusstest du das schon?

- Viele der „neuen“ Gewürze, die Europa so begehrte, wie Pfeffer oder Muskat, machten einzelne Händlerfamilien **unfassbar reich**.

- Die Azteken nutzten Kakaobohnen als **Währung** – ein Truthahn kostete etwa 100 Bohnen.

- Magellans Weltumsegelung startete mit **5 Schiffen** und **270 Männern** – nur ein Schiff und 18 Männer kamen zurück.

- Die Inka bauten Straßen über mehr als **40.000 Kilometer**, komplett ohne Pferde oder Wagen.

- Tenochtitlán hatte im 16. Jahrhundert eine Bevölkerung, die **größer war als London oder Paris** zur gleichen Zeit.

Lösungen – Fragen für Geschichtsprofis

1. **c) Rousseau** – Seine Ideen über Volkssouveränität flossen stark in die Revolution ein.

2. **b) Glorious Revolution** – Die „glorreiche Revolution“ führte zur konstitutionellen Monarchie in England.

3. **Wahr** – Die russische Taktik zerstörte Vorräte und zwang Napoleons Armee in den Winter.

4. **b) Wien** – Wien war ein zentrales Epizentrum der Revolutionen von 1848.

5. **Bill of Rights** – Die ersten zehn Zusatzartikel sichern grundlegende Freiheitsrechte.

3. Wahr oder falsch:

Die Expedition von Ferdinand Magellan segelte durch eine Meerenge, die noch heute seinen Namen trägt.

4. Welcher spanische Eroberer zerstörte das Aztekenreich?

a) Francisco Pizarro
b) Hernando de Soto
c) Vasco Núñez de Balboa
d) Hernán Cortés

5. Wie heißt das ausgeklügelte Straßen- und Kommunikationsnetzwerk der Inka, das sich über Tausende Kilometer durch die Anden erstreckte?

5 Fragen für Geschichtsprofis

1. Welcher Kartograf gab dem amerikanischen Kontinent seinen Namen, obwohl er selbst nie eine große Expedition leitete?

   a) Magellan
   b) Cabral
   c) Vespucci
   d) Mercator

2. Wie hieß das mächtige Reich in Westafrika, das im 14. Jahrhundert unter Mansa Musa seinen wirtschaftlichen Höhepunkt erreichte?

   a) Mali
   b) Ghana
   c) Songhai
   d) Benin

Lösungen

1. **b) Christoph Kolumbus** – Er erreichte 1492 die Karibik, aber nicht das amerikanische Festland.

2. **c) Inka** – Das Inkareich erstreckte sich über große Teile der Anden.

3. **Wahr** – Vasco da Gama erreichte 1498 als erster Europäer den Seeweg nach Indien.

4. **b) Tenochtitlán** – Die Hauptstadt der Azteken lag auf einer Insel im heutigen Mexiko-Stadt.

5. **a) Magellan** – Seine Expedition vollendete die erste Weltumsegelung; Magellan selbst starb unterwegs.

6. **b) Maya** – Die Maya waren für Pyramiden, Kalender und Schrift bekannt.

7. **Wahr** – Die Inka nutzten Quipus, ein System aus Knoten und Schnüren, zur Informationsspeicherung.

8. **c) Amerika** – Europäische Entdecker bezeichneten Nord- und Südamerika als „Neue Welt".

9. a) **James Cook** – Cook erforschte große Teile des Pazifiks, darunter Australien und Neuseeland.

10. **Karavellen / Karacken** – Diese Schiffstypen waren typisch für die Entdeckungsfahrten.

7. Wahr oder falsch:

Die Inka hatten keine Schrift, aber ein Knotensystem namens „Quipu", um Informationen zu speichern.

8. Welcher Kontinent wurde von europäischen Seefahrern als „Neue Welt" bezeichnet?

a) Afrika
b) Asien
c) Amerika
d) Australien

9. Welcher berühmte Entdecker erforschte große Teile des pazifischen Raums, darunter Australien und Neuseeland?

a) James Cook
b) Henry Hudson
c) John Cabot
d) Hernán Cortés

10. Wie nennt man die Schiffe, mit denen die Portugiesen und Spanier viele ihrer Entdeckungsfahrten durchführten?

4. Welche Stadt war das wirtschaftliche Zentrum des Aztekenreichs?

a) Cuzco
b) Tenochtitlán
c) Chichén Itzá
d) Machu Picchu

5. Wie hieß der portugiesische Seefahrer, dessen Expedition als erste die Erde umsegelte?

a) Magellan
b) Vespucci
c) Balboa
d) Hudson

6. Welches dieser Reiche war für seine Pyramidentempel und komplexen Kalender bekannt?

a) Mongolenreich
b) Maya
c) Perserreich
d) Osmanisches Reich

1. Welcher Entdecker erreichte 1492 die Karibik und gilt oft (fälschlicherweise) als „Entdecker Amerikas“?

a) Marco Polo
b) Christoph Kolumbus
c) Ferdinand Magellan
d) James Cook

2. Welches große Reich herrschte über weite Teile Südamerikas, bevor die Spanier eintrafen?

a) Azteken
b) Maya
c) Inka
d) Tolteken

3. Wahr oder falsch:
Vasco da Gama war der erste Europäer, der den Seeweg nach Indien erreichte.

Kapitel 6:

ENTDECKUNGEN & WELTREICHE

Wusstest du das schon?

- Viele Ritter trugen unter ihrer Rüstung ein wattiertes Stoffpolster, das bis zu **10 Kilogramm** wiegen konnte – die Rüstung selbst kam dann noch obendrauf.

- Die Pest verbreitete sich nicht nur durch Ratten, sondern vor allem durch **Flöhe**, die auf Kleidung und Wollstoffen reisten.

- Mittelalterliche Städte hatten oft keine Hausnummern – man orientierte sich an Schildern wie „Zum Goldenen Löwen“ oder „Beim roten Turm“.

- In Klöstern wurde Bier gebraut, weil es oft **safer war als Wasser** – das Kochen tötete Keime ab.

- Burggräben waren nicht immer mit Wasser gefüllt; viele waren einfach tiefe, trockene Gräben, die Angreifer aufhalten sollten.

Lösungen – Fragen für Geschichtsprofis

1. **b) Eleonore von Aquitanien** – Eine der mächtigsten Frauen des Mittelalters, Königin von zwei Reichen.

2. **c) Dante Alighieri** – Autor der „Göttlichen Komödie“, einem Schlüsselwerk der mittelalterlichen Literatur.

3. **Wahr** – Der Deutsche Orden entstand zunächst als Hospital in Akkon und wurde später militarisiert.

4. **d) Schlacht von Hastings** – Wilhelm der Eroberer besiegte die Angelsachsen und übernahm England.

5. **Die Hanse** – Der mächtige Städtebund dominierte den Handel im Ostsee- und Nordseeraum.

3. Wahr oder falsch:

Der Deutsche Orden war ursprünglich ein Hospitalorden, bevor er zu einem militärischen Ritterorden wurde.

4. Welches Ereignis leitete 1066 den Beginn der normannischen Herrschaft über England ein?

a) Schlacht bei Tours
b) Schlacht von Stamford Bridge
c) Schlacht von Agincourt
d) Schlacht von Hastings

5. Wie nennt man die mittelalterliche Wirtschafts- und Städtevereinigung im Ostseeraum, die ab dem 12. Jahrhundert den Handel dominierte?

5 Fragen für Geschichtsprofis

1. Welche mittelalterliche Herrscherin führte im 12. Jahrhundert das mächtige Reich von Aquitanien und war sowohl Königin von Frankreich als auch von England?

a) Isabella von Kastilien
b) Eleonore von Aquitanien
c) Mathilde von England
d) Blanche von Kastilien

2. Wie heißt der italienische Gelehrte, der die „Göttliche Komödie“ schrieb und damit eines der einflussreichsten Werke des Mittelalters schuf?

a) Petrarca
b) Boccaccio
c) Dante Alighieri
d) Machiavelli

Lösungen

1. **a) Feudalismus** – Das feudale System regelte die Beziehungen zwischen Lehnsherren und Vasallen.

2. **c) Pest** – Der Schwarze Tod tötete im 14. Jahrhundert Millionen Menschen in Europa.

3. **Wahr** – Jungen begannen ihre Ritterausbildung als Page gegen Ende der Kindheit.

4. **c) Burgen** – Burgen dienten gleichzeitig als Wohnsitz, Verteidigungsanlage und Machtzentrum.

5. **b) Kreuzritter** – Die Kreuzritter führten mehrere Züge in das Heilige Land.

6. **a) Richard Löwenherz** – Er ist einer der berühmtesten englischen Könige des Hochmittelalters.

7. **Falsch** – Nur eine kleine Minderheit, meist Kleriker und Adelige, konnte lesen und schreiben.

8. **c) Druckerpresse** – Gutenbergs Druckerpresse revolutionierte die Verbreitung von Wissen.

9. **d) Gotische Kathedralen** – Hohe Fenster, Spitzbögen und filigrane Bauweise waren typisch für die Gotik.

10. **Klosterleben / Mönchsregel** – Das monastische Leben folgte strengen Regeln von Arbeit, Gebet und Askese.

7. Wahr oder falsch:

Die meisten Menschen im Mittelalter konnten lesen und schreiben.

8. Welche Erfindung revolutionierte den Buchdruck und damit das Wissen in Europa?

a) Tinte
b) Pergament
c) Druckerpresse
d) Federkiel

9. Wie nennt man die großen Kirchenbauten, die im Hochmittelalter mit Spitzbögen und hohen Fenstern entstanden?

a) Barockkirchen
b) Basiliken
c) Romanische Kirchen
d) Gotische Kathedralen

10. Wie heißt das strenge arbeits- und gebetsorientierte Leben, das Mönche in Klöstern führten?

4. Wie nannte man die befestigten Wohn- und Wehrbauten adeliger Herrscher?

a) Zitadellen
b) Klöster
c) Burgen
d) Garnisonen

5. Welche Gruppe führte im 11. bis 13. Jahrhundert mehrere bewaffnete Züge ins Heilige Land?

a) Samurai
b) Kreuzritter
c) Legionäre
d) Templer

6. Wer war einer der bekanntesten Könige Englands im Hochmittelalter?

a) Richard Löwenherz
b) Karl der Kühne
c) Philipp der Schöne
d) Ivan der Schreckliche

1. Wie nennt man das gesellschaftliche System, das im Mittelalter von Lehnsherren und Vasallen geprägt war?

a) Feudalismus
b) Kapitalismus
c) Absolutismus
d) Merkantilismus

2. Welche Krankheit dezimierte im 14. Jahrhundert große Teile der europäischen Bevölkerung?

a) Cholera
b) Pocken
c) Pest
d) Typhus

3. Wahr oder falsch:
Ritter begannen ihre Ausbildung oft schon im Alter von sieben Jahren als Page.

Kapitel 5:

MITTELALTER IN EUROPA

Wusstest du das schon?

- Archäologen haben herausgefunden, dass viele Wikinger tatsächlich **gepflegte Frisuren** und gebürstete Bärte hatten – nicht das wilde Bild aus Filmen.

- Die Wikinger nutzten Sonnensteine (Kristalle), um selbst bei bewölktem Himmel die Position der Sonne zu bestimmen und zu navigieren.

- Einige der berühmtesten Runensteine wurden aus reiner **Propaganda** errichtet – um Ruhm, Macht oder Heldentaten eines Jarls festzuhalten.

- In der nordischen Mythologie kämpfen die gefallenen Krieger im „Walhall" jeden Tag gegeneinander – und stehen am Abend wieder auf, um gemeinsam zu feiern.

- Harald Blauzahn, ein Wikingerkönig, inspirierte den Namen der modernen Bluetooth-Technologie – das Logo zeigt sogar zwei seiner Runen.

Lösungen – Fragen für Geschichtsprofis

1. **d) Vigrid** – Die Ebene Vigrid ist der mythische Ort der finalen Schlacht Ragnaröks.

2. **a) Harald Blauzahn** – Er gilt als der König, der das Christentum in Dänemark etablierte.

3. **Wahr** – Die Jellingsteine gelten als eines der wichtigsten historischen Zeugnisse Dänemarks.

4. **b) Jörmungandr** – Die Midgardschlange umspannt laut Mythologie die gesamte Welt.

5. **Warägerroute / „Von den Warägern zu den Griechen"** – Der wichtigste Handelsweg der Wikinger nach Konstantinopel.

3. Wahr oder falsch:

Die berühmten Runensteine von Jelling gelten als „Geburtsurkunde Dänemarks".

4. Wie heißt die Schlange, die laut nordischer Mythologie so groß ist, dass sie die Welt umspannt?

a) Fenriswolf
b) Jörmungandr
c) Hati
d) Fafnir

5. Wie nennt man die große Handels- und Siedlungsstraße, über die Wikinger bis nach Konstantinopel und darüber hinaus gelangten?

5 Fragen für Geschichtsprofis

1. Wie heißt der mythische Ort, an dem die Asen während Ragnarök ihre letzte große Schlacht schlagen sollen?

   a) Vanaheim
   b) Niflheim
   c) Jötunheim
   d) Vigrid

2. Welcher Wikingerkönig führte die Christianisierung Dänemarks ein und wurde nachweislich historisch bestätigt?

   a) Harald Blauzahn
   b) Knut der Große
   c) Olaf Tryggvason
   d) Ragnar Lodbrok

Lösungen

1. **c) Dänemark** – Der Großteil der frühen Wikinger stammte aus dem Gebiet des heutigen Dänemark.

2. **b) Langschiffe** – Die schnellen, wendigen Langschiffe ermöglichten den Wikingern ihre weiten Reisen.

3. **Falsch** – Die Idee mit den Hörnern stammt aus der modernen Popkultur; echte Wikingerhelme hatten keine Hörner.

4. **b) Odin** – Odin war der oberste Gott der nordischen Mythologie.

5. **a) Berserker** – Berserker sollen in tranceartigen Kampfrausch geraten sein.

6. **c) Neufundland** – Die Wikinger erreichten um 1000 n. Chr. Neufundland in Nordamerika.

7. **Wahr** – In einigen Regionen nutzten Wikinger tatsächlich frühe Formen von Schwitzhütten.

8. **a) Yggdrasil** – Die Weltenesche Yggdrasil verband die neun Welten der nordischen Mythologie.

9. **c) Erik der Rote** – Er gründete die erste dauerhafte Siedlung auf Grönland.

10. **Skalde** – Skalden waren Dichter, Sänger und Bewahrer nordischer Sagen.

8. Wie hieß die riesige Weltenesche, die in der nordischen Mythologie das Universum verband?

a) Yggdrasil

b) Ragnarök

c) Mímisbrunnr

d) Midgardschlange

9. Welcher berühmte Wikinger gilt als Gründer von Grönlands erster Siedlung?

a) Leif Eriksson

b) Ragnar Lodbrok

c) Erik der Rote

d) Harald Blauzahn

10. Wie nennt man die nordischen Dichter, die Geschichten, Gedichte und Sagen vortrugen?

5. Wie nennt man die Krieger, die angeblich in einen tranceartigen Kampfzustand fielen?

a) Berserker

b) Schildmaiden

c) Jarl

d) Skalde

6. Welche Insel entdeckten die Wikinger um das Jahr 1000 – lange vor Kolumbus?

a) Grönland

b) Island

c) Neufundland

d) Madeira

7. Wahr oder falsch:

Die Wikinger bauten in einigen ihrer Dörfer bereits primitive Formen von Saunen.

1. Aus welchem heutigen Land stammten die meisten Wikinger?

a) Norwegen

b) Schweden

c) Dänemark

d) Island

2. Wie hießen die berühmten Schiffe der Wikinger?

a) Drachenboote

b) Langschiffe

c) Fjordkutter

d) Nordschoner

3. Wahr oder falsch:

Die Wikinger trugen oft Helme mit Hörnern.

4. Welcher Gott galt in der nordischen Mythologie als oberster Herrscher?

a) Loki

b) Odin

c) Thor

d) Freyr

Kapitel 4:

DIE WIKINGER & NORDISCHE SAGEN

Wusstest du das schon?

- Einige römische Straßen sind so gut gebaut, dass sie auch nach **über 2.000 Jahren** noch heute benutzt werden.

- Im antiken Rom gab es Straßenlaternen – sie wurden mit Öl betrieben und von Sklaven oder Nachtwächtern angezündet.

- Die Römer nutzten Beton, der unter Wasser härten konnte und erstaunlich langlebig war.

- Gladiatoren schwitzten nicht nur für Ruhm: Ihr Schweiß wurde als **„Heilmittel“** verkauft und teuer gehandelt.

- Öffentliche Bäder („Thermen“) waren gigantische Freizeitparks – mit Saunen, Massagen, Sportbereichen und sogar Bibliotheken.

Lösungen – Fragen für Geschichtsprofis

1. **b) Trajan** – Er war einer der beliebtesten und gerechtesten Kaiser der „Fünf guten Kaiser".

2. **c) Die Liberatores** – Eine Gruppe von Senatoren, die sich als „Befreier" Roms sahen.

3. **Wahr** – Die Via Appia führte zunächst von Rom nach Capua, später weiter bis nach Brundisium.

4. **d) Plinius der Ältere** – Sein Werk „Naturalis Historia" gilt als eine der frühesten Enzyklopädien.

5. **Syrien** – Die Provinz wurde unter Pompeius 64 v. Chr. ins Römische Reich eingegliedert.

4. Welcher römische Schriftsteller verfasste das enzyklopädische Werk „Naturalis Historia“?

a) Seneca

b) Livius

c) Sueton

d) Plinius der Ältere

5. Wie hieß die riesige Provinz im Osten des Römischen Reiches, die nach dem Tod Alexanders des Großen aus dem Seleukidenreich hervorging und später von Pompeius erobert wurde?

5 Fragen für Geschichtsprofis

1. Welcher römische Kaiser führte die sogenannte „Fünf-Gute-Kaiser"-Ära an und gilt als einer der gerechtesten Herrscher?
   a) Nero
   b) Trajan
   c) Hadrian
   d) Marcus Aurelius

2. Wie hieß die geheime politische Gruppe, die Julius Cäsar ermordete?
   a) Die Brutus-Garde
   b) Die Senatorische Koalition
   c) Die Liberatores
   d) Die Optimaten

3. Wahr oder falsch:
   Die berühmte römische „Via Appia" verband Rom ursprünglich mit der Stadt Capua.

Lösungen

1. **a) Imperator** – Der Imperator war der oberste Herrscher und Oberbefehlshaber des Römischen Reiches.

2. **d) Kolosseum** – Das Kolosseum ist das bekannteste Amphitheater der römischen Antike.

3. **Wahr** – Die Cloaca Maxima war eines der ältesten und größten Abwassersysteme der Welt.

4. **b) Legionäre** – Legionäre waren schwere Infanteristen und das Rückgrat der römischen Armee.

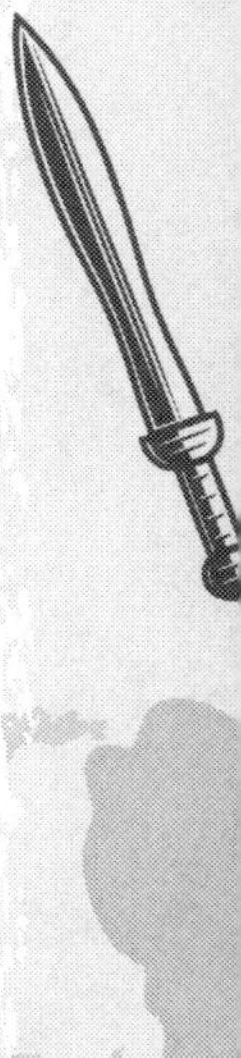

5. **b) Latein** – Latein war die offizielle Sprache des Römischen Reiches.

6. **c) Konstantin** – Kaiser Konstantin legalisierte das Christentum mit dem Edikt von Mailand.

7. **Wahr** – Mit der „Hypokaustenheizung“ hatten die Römer bereits eine frühe Form der Fußbodenheizung.

8. **c) Julius Caesar** – Caesars Überschreiten des Rubikon war der Auslöser des römischen Bürgerkriegs.

9. **b) Via Appia** – Die Via Appia war eine der wichtigsten und ältesten römischen Straßen.

10. **Aquädukte** – Diese Bauten transportierten Wasser oft über viele Kilometer nach Rom und andere Städte.

8. Wie hieß der berühmte römische Feldherr, der den Rubikon überschritt und damit einen Bürgerkrieg auslöste?

a) Hannibal
b) Marcus Aurelius
c) Julius Caesar
d) Pompeius

9. Welche römische Straße verband Rom mit Süditalien?

a) Via Aurelia
b) Via Appia
c) Via Flaminia
d) Via Latina

10. Wie nennt man die langgestreckten römischen Bauten, die Wasser über weite Strecken transportierten?

5. Welche Sprache wurde im Römischen Reich offiziell gesprochen?

a) Griechisch

b) Latein

c) Aramäisch

d) Punisch

6. Welcher römische Kaiser machte das Christentum zur anerkannten Religion des Reiches?

a) Nero

b) Augustus

c) Konstantin

d) Trajan

7. Wahr oder falsch:

Die Römer bauten bereits Fußbodenheizungen.

1. Welcher Titel bezeichnete den obersten Herrscher des Römischen Reiches?

a) Imperator

b) Konsul

c) Tribun

d) Senator

2. Wie hieß das berühmte römische Amphitheater in Rom?

a) Pantheon

b) Hippodrom

c) Circus Maximus

d) Kolosseum

3. Wahr oder falsch:

Die Römer nutzten ein ausgeklügeltes unterirdisches Kanalsystem namens „Cloaca Maxima“.

4. Wie nannte man die römischen Soldaten, die in schweren Rüstungen kämpften?

a) Hopliten

b) Legionäre

c) Varager

d) Prahlier

Kapitel 3:

DAS RÖMISCHE REICH

Wusstest du das schon?

- Im antiken Griechenland galten rote Umhänge als typisch spartanisch, weil sie Blut auf dem Schlachtfeld weniger sichtbar machten.

- Die ersten Olympischen Spiele bestanden aus nur **einem einzigen Wettlauf** – dem sogenannten Stadionlauf.

- Viele griechische Tempel waren ursprünglich bunt bemalt, nicht weiß wie oft dargestellt.

- Das Orakel von Delphi wurde von Dämpfen beeinflusst, die vermutlich aus natürlichen Erdspalten aufstiegen.

- Theaterstücke in Athen dauerten manchmal den **ganzen Tag**, und das Publikum blieb mit Wein und Snacks dabei.

Lösungen – Fragen für Geschichtsprofis

1. **b) Platon** – Platon war der bekannteste Schüler von Sokrates und der Lehrer von Aristoteles.

2. **c) Herodot** – Herodot wird als Begründer der systematischen Geschichtsschreibung angesehen.

3. **Wahr** – Der Zeus-Tempel in Olympia war eines der Sieben Weltwunder.

4. **d) Keine der genannten – Athen dominierte den Bund allein** – Der Seebund bestand aus vielen Städten, aber Athen führte ihn.

5. **Lykurg** – Der legendäre Gesetzgeber, dem Spartas strikte Gesellschafts- und Militärordnung zugeschrieben wird.

4. Welcher Stadtstaat bildete gemeinsam mit Athen den berühmten Delisch-Attischen Seebund?

a) Theben

b) Korinth

c) Mykene

d) Keine der genannten – Athen dominierte den Bund allein

5. Wie hieß der legendäre Gesetzgeber Spartas, dem die strenge Militärordnung zugeschrieben wird?

5 Fragen für Geschichtsprofis

1. Welcher Philosoph war Schüler von Sokrates und Lehrer von Aristoteles?

   a) Herodot

   b) Platon

   c) Sophokles

   d) Demokrit

2. Wie heißt der antike Historiker, der als „Vater der Geschichtsschreibung" gilt?

   a) Thukydides

   b) Xenophon

   c) Herodot

   d) Polybios

3. Wahr oder falsch:

   Der Tempel des Zeus in Olympia gehörte zu den Sieben Weltwundern der Antike.

Lösungen

1. **a) Athen** – Athen gilt als die Geburtsstätte der direkten Demokratie.

2. **b) Polis** – So nannte man die unabhängigen griechischen Stadtstaaten.

3. **Wahr** – In Sparta begann die militärische Ausbildung („Agoge“) bereits mit sieben Jahren.

4. **c) Hippokrates** – Er wird als „Vater der Medizin“ bezeichnet und prägte medizinische Grundprinzipien.

5. **c) Marathonlauf** – Der Marathon gab es in der Antike nicht; er wurde erst 1896 eingeführt.

6. **a) Orakel von Delphi** – Das berühmteste Orakel Griechenlands, geführt von der Priesterin Pythia.

7. **c) Zeus** – Zeus war der oberste Gott des Olymps und Herrscher über Himmel und Donner.

8. **Wahr** – Große griechische Theater fassten tatsächlich oft 10.000 bis 20.000 Menschen.

9. **c) Schlacht bei Salamis** – Die Seeschlacht von Salamis gilt als entscheidender Sieg über die Perser.

10. **c) Aristoteles** – Aristoteles war der persönliche Lehrer von Alexander dem Großen.

8. Wahr oder falsch:

Die griechischen Theater hatten oft Platz für über 10.000 Zuschauer.

9. Welche berühmte Schlacht gilt als Wendepunkt in den Perserkriegen?

a) Schlacht von Actium
b) Schlacht bei Marathon
c) Schlacht bei Salamis
d) Schlacht bei Karthago

10. Wer war der Lehrer von Alexander dem Großen?

a) Platon
b) Sophokles
c) Aristoteles
d) Thales von Milet

5. Welche Sportart war nicht Teil der antiken Olympischen Spiele?

a) Wagenrennen

b) Diskuswurf

c) Marathonlauf

d) Ringen

6. Wie heißt das berühmte Orakel, das in der Antike wichtige Vorhersagen traf?

a) Orakel von Delphi

b) Orakel von Knossos

c) Orakel von Ithaka

d) Orakel von Mykene

7. Welche Gottheit galt als der oberste Gott im Olymp?

a) Poseidon

b) Hades

c) Zeus

d) Apollon

1. Welche Stadt gilt als Wiege der Demokratie?

a) Athen

b) Sparta

c) Korinth

d) Delphi

2. Wie nannte man die griechischen Stadtstaaten?

a) Imperien

b) Polis

c) Provinzen

d) Distrikte

3. Wahr oder falsch:

Die Spartaner begannen bereits im Alter von sieben Jahren ihre militärische Ausbildung.

4. Wer war als „Vater der Medizin“ bekannt?

a) Homer

b) Sokrates

c) Hippokrates

d) Heraklit

Kapitel 2:

DAS ALTE GRIECHENLAND

Wusstest du das schon?

- Die alten Ägypter benutzten Augen-Make-up nicht nur dekorativ – viele Farben hatten antibakterielle Eigenschaften und schützten die Augen vor Infektionen.

- Die Arbeiter, die die Pyramiden bauten, waren **keine Sklaven**, sondern gut ernährte Facharbeiter, die sogar medizinisch versorgt wurden.

- Manche Pharaonen wurden mit über **100 Amuletten** im Körper begraben, weil man glaubte, dass sie auf der Reise ins Jenseits Schutz brauchten.

- Die Hieroglyphenschrift besteht aus mehr als **700 Symbolen**, von denen viele ganze Wörter oder Konzepte darstellen.

- Die Große Sphinx von Gizeh war ursprünglich bunt bemalt – vor allem das Gesicht und der Kopfschmuck trugen kräftige Farben.

Lösungen – Fragen für Geschichtsprofis

1. **c) Hatschepsut** – Sie ließ sich in vielen Darstellungen mit männlichen Attributen abbilden.

2. **b) Amun-Ra** – Die verschmolzene Hauptgottheit aus Amun und Ra.

3. **Wahr** – Djosers Stufenpyramide in Sakkara gilt als die erste Pyramide der Geschichte.

4. **b) Totenbuch** – Eine Sammlung von Zaubersprüchen zur Orientierung im Jenseits.

5. **Echnaton** – Der Pharao, der die Aton-Religion einführte und die traditionelle Götterwelt unterdrückte.

4. Wie heißt der altägyptische Text, der als Sammlung von Zaubersprüchen und Anweisungen für das Leben nach dem Tod diente?

a) Papyrus Ebers

b) Totenbuch

c) Buch der Tore

d) Amduat

5. Welcher Pharao führte eine radikale religiöse Revolution ein, indem er den Sonnengott Aton zum einzigen Gott erklärte?

5 Fragen für Geschichtsprofis

1. Welche altägyptische Königin regierte als Pharao und ließ sich oft als Mann darstellen?

   a) Merneith

   b) Sobekneferu

   c) Hatschepsut

   d) Twosret

2. Wie heißt der altägyptische Sonnengott, der als verschmelzende Form von Ra und Amun verehrt wurde?

   a) Re-Horakhty

   b) Amun-Ra

   c) Atum

   d) Khepri

3. Wahr oder falsch:

   Die Pyramide des Djoser gilt als die erste jemals gebaute Stufenpyramide Ägyptens.

Lösungen

1. **b) Nil** – Der Nil war die zentrale Lebensquelle Ägyptens und sorgte jährlich für fruchtbare Böden.
2. **c) Pyramiden** – Monumentale Grabstätten, die für Pharaonen errichtet wurden.
3. **Wahr** – Im Totengericht wurde das Herz gegen die Feder der Göttin Ma'at gewogen.
4. **b) Cleopatra** – Cleopatra VII. herrschte mit Julius Caesar und später Marcus Antonius.
5. **c) Für die Organe bei der Mumifizierung** – Canopic Jars dienten zur Aufbewahrung entnommener Organe.
6. **b) Tutanchamun** – Sein fast unversehrtes Grab wurde 1922 entdeckt und machte ihn weltberühmt.
7. **c) Hieroglyphen** – Bildschrift, die für offizielle und religiöse Texte genutzt wurde.
8. **Wahr** – Die Große Pyramide war ursprünglich mit glatten, weißen Kalksteinplatten verkleidet.
9. **a) Isis** – Schutz- und Muttergöttin, erkennbar am Thronsymbol auf ihrem Kopf.
10. **Ramses II** – Er ließ die monumentalen Felsentempel von Abu Simbel errichten.

8. Wahr oder falsch: Die Große Pyramide von Gizeh war ursprünglich mit glatten weißen Kalksteinplatten verkleidet.

9. Wie hieß die Schutzgöttin, die oft als Frau mit einem Thron auf dem Kopf dargestellt wurde?

a) Isis
b) Bastet
c) Ma'at
d) Tefnut

10. Welcher Pharao ließ den berühmten Tempel von Abu Simbel errichten?

5. Wofür wurden sogenannte „Canopic Jars“ verwendet?

a) Zur Aufbewahrung von heiligem Wasser
b) Zur Lagerung von Gewürzen
c) Für die Organe bei der Mumifizierung
d) Für Opfergaben im Tempel

6. Welcher Pharao ist durch sein nahezu unversehrtes Grab weltberühmt geworden?

a) Ramses II
b) Tutanchamun
c) Thutmosis III
d) Djoser

7. Welche Schreibweise benutzten die alten Ägypter?

a) Keilschrift
b) Runen
c) Hieroglyphen
d) Sanskrit

1. Welcher Fluss war die wichtigste Lebensader des Alten Ägypten?

a) Euphrat

b) Nil

c) Tigris

d) Jordan

2. Wie nennt man die großen Grabstätten, die für einige Pharaonen errichtet wurden?

a) Zikkurate

b) Pagoden

c) Pyramiden

d) Megalithen

3. Wahr oder falsch: Die Ägypter glaubten, dass nach dem Tod das Herz gewogen wurde, um das Schicksal des Verstorbenen zu bestimmen.

4. Welche berühmte Königin herrschte gemeinsam mit Julius Caesar und später Marcus Antonius?

a) Nefertiti

b) Cleopatra

c) Hatschepsut

d) Nitokris

Kapitel 1:

ÄGYPTEN & DIE PHARAONEN

ein oder andere „Das hätte ich nie erwartet!“ hervorrufen.

Am Ende jedes Kapitels findest du natürlich die **Lösungen** – jeweils mit einer kurzen Erklärung, damit du nicht nur die richtige Antwort erfährst, sondern auch etwas dazulernst.

Und weil Geschichte nicht nur aus Jahreszahlen besteht, sondern auch aus kuriosen, überraschenden und unterhaltsamen Momenten, wartet nach jedem Kapitel eine Seite mit **„Wusstest du das schon?“** – einer Sammlung spannender Mini-Fakten, die perfekt zum Thema passen.

Also: Mach es dir bequem, schnapp dir einen Stift oder spiel einfach im Kopf mit – und finde heraus, wie gut du die Geschichte wirklich kennst.

Vielleicht bist du am Ende des Buches ein bisschen schlauer. Oder zumindest hervorragend vorbereitet, um Freunde und Familie mit deinem neuen Geschichtswissen zu beeindrucken.

Viel Spaß beim Rätseln – und willkommen auf deiner Zeitreise durch die Vergangenheit!

Wie gut kennst du die Geschichte wirklich?

Wie gut kennst du die Geschichte wirklich? Geschichte ist voller faszinierender Momente, überraschender Wendungen und verrückter Fakten, die man kaum glauben kann. Die meisten von uns haben irgendwann einmal etwas über Pyramiden, Gladiatoren oder die Mondlandung gehört – aber seien wir ehrlich: Was davon ist wirklich hängengeblieben? Und wie viel davon würdest du in einem Quiz noch zusammenbekommen?

Genau darum geht es in diesem Buch.

Hier erwarten dich **10 Kapitel**, jeweils gefüllt mit **abwechslungsreichen Quizfragen** zu den spannendsten Epochen und Ereignissen der Menschheitsgeschichte – von den phantastischen Bauwerken der alten Ägypter bis hinein in die moderne Welt des 21. Jahrhunderts.

Die Fragen sind bunt gemischt:

Multiple Choice, Wahr/Falsch und klassische Quizfragen, die dein Wissen herausfordern, dir manchmal ein Lächeln entlocken und garantiert das